LES PETITS CAHIERS

Collection dirigée par Jean-Luc Caron

Des jeux visuels pour se préparer à lire

4-5

Magdalena Guirao-Jullien

Illustrations de Joëlle Dreidemy

RETZ

www.editions-retz.com

1, RUE DU DÉPART
75014 PARIS

INDEX PAR NOTION

Reconnaître des formes, des dessins

Reconnaître des signes

Reconnaître des chiffres

ISBN : 978-2-7256-2528-7

Reconnaître des lettres

Reconnaître des suites de lettres

Reconnaître des petits mots

Reconnaître des mots d'usage

Trop petites !

Entoure sur chaque ligne la forme la plus petite.

Mauvaises formes

Sur chaque ligne, barre l'intrus.

Les motifs (1)

Sur chaque ligne, observe et complète les motifs pour les rendre identiques au modèle.

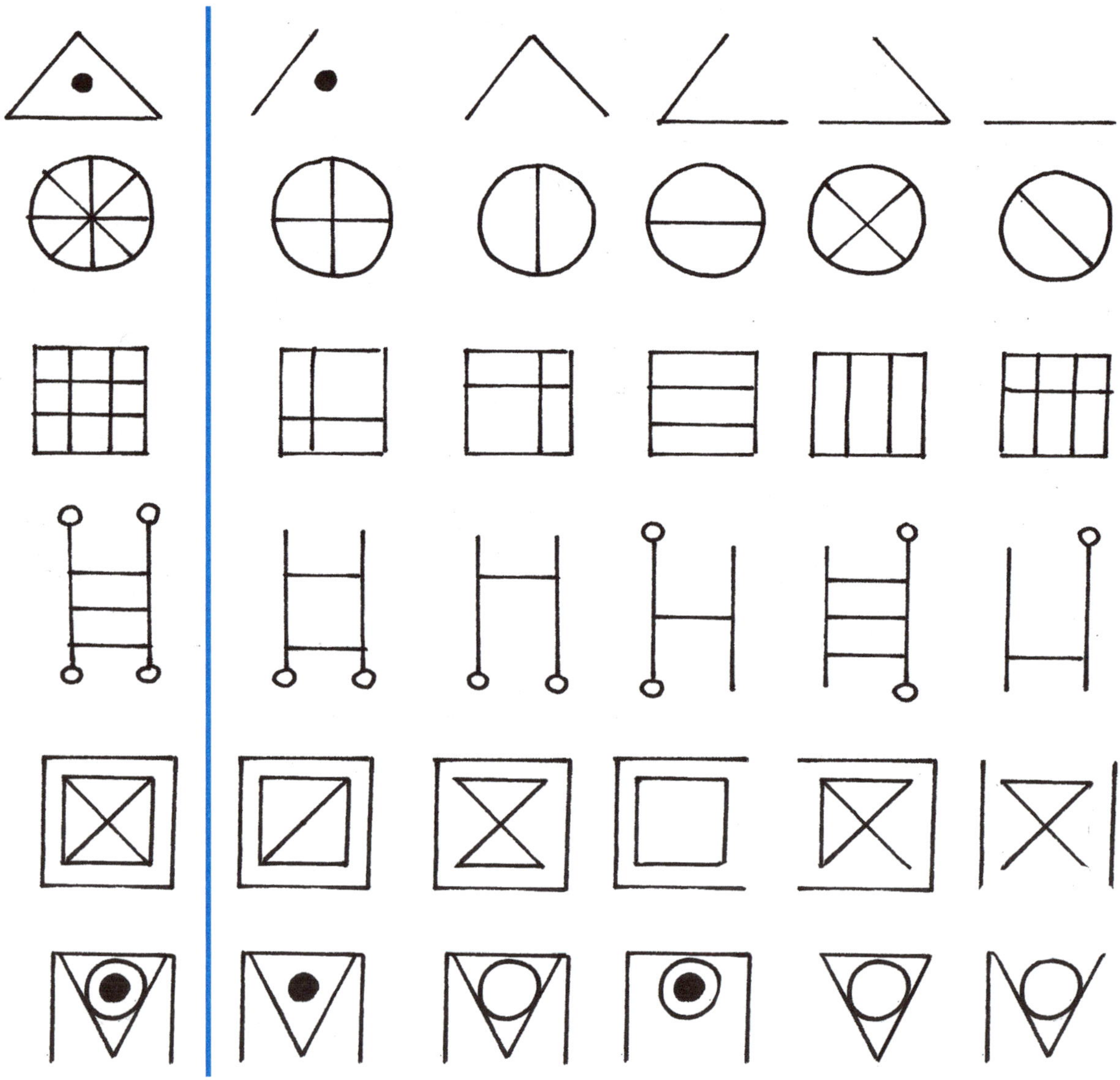

Les motifs (2)

Sur chaque ligne, observe et complète les motifs pour les rendre identiques au modèle.

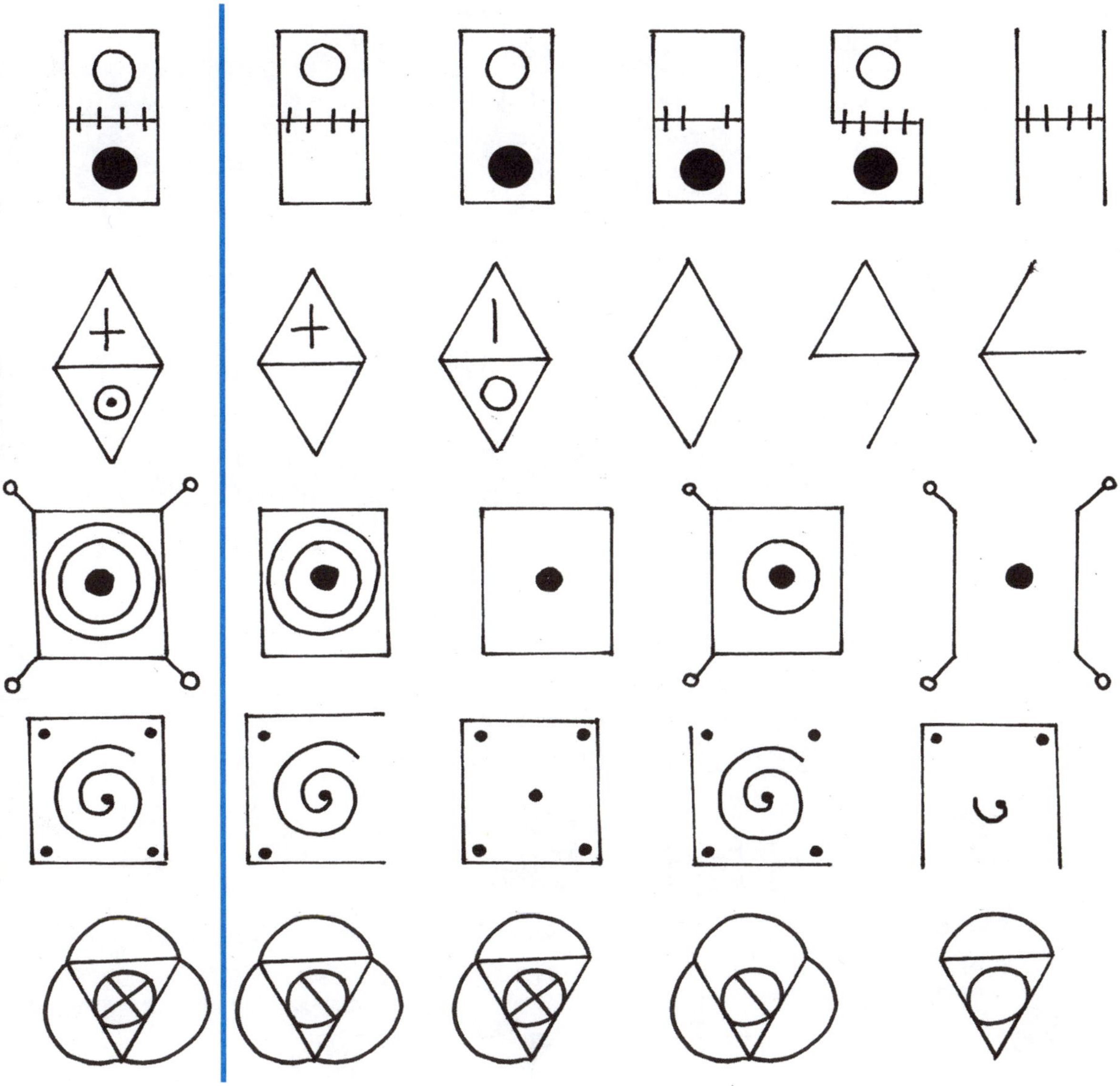

Chez Minou

Retrouve les 8 différences entre les 2 dessins.
Colorie ce qui change et dessine ce qui manque dans celui du bas.

Les maisons

Complète chaque maison pour la rendre identique à son modèle.

Robots jumeaux

Retrouve et colorie le robot identique au modèle.

Pièces manquantes

Complète le deuxième robot pour le rendre identique au premier.

Cherchez l'intrus

Sur chaque ligne, barre l'intrus.

Finitions

Sur chaque ligne, complète les dessins pour les rendre identiques au modèle.

Dans la

Observe les objets autour de l'image.
Retrouve-les et colorie-les dans la cuisine.

cuisine

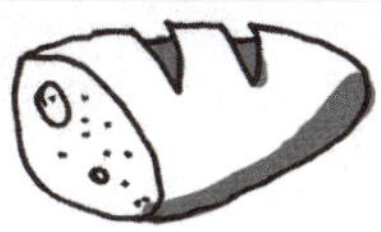

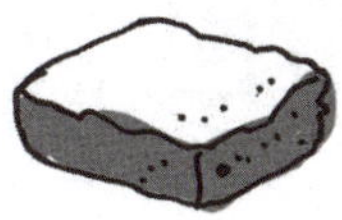

Boutons de chemise

Relie chaque chemise à son bouton.

Musique !

Relie les suites de notes identiques, comme dans l'exemple.

Les chiffres romains

Sur chaque ligne, barre le signe qui n'est pas identique au modèle.

I	I	I	T	I	I
II	II	II	III	II	II
III	III	II	III	III	III
IV	IV	IV	VI	IV	IV
V	V	V	V	Λ	V
VI	IV	VI	VI	VI	VI

Les cartes

Sur chaque ligne, entoure la carte identique au modèle.

En Chine

Sur chaque ligne, entoure les 2 signes chinois identiques au modèle.

En Égypte

Entoure le cadre identique au modèle.

MAMAN

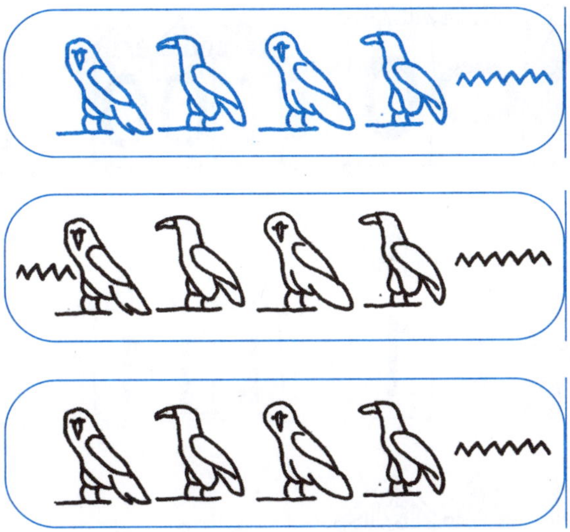

ÉGYPTE

PAPA

Les cabines (0 à 4)

Sur chaque ligne, barre les chiffres mal écrits, comme dans l'exemple.

Les cabines (5 à 9)

Sur chaque ligne, barre les chiffres mal écrits, comme dans l'exemple ci-contre.

Méli-mélo de dates

Dans chaque colonne, entoure la date identique au modèle.

10 / 12 / 2006

01 / 12 / 2006

11 / 12 / 2060

10 / 12 / 2006

10 / 21 / 2006

31 / 05 / 2007

13 / 05 / 2007

31 / 05 / 2007

31 / 05 / 2070

31 / 06 / 2007

Méli-mélo de numéros de téléphone

Dans chaque carnet, entoure le numéro identique au modèle.

01 62 37 45 98

01 62 37 54 89

01 62 37 45 98

10 62 37 45 98

04 87 56 31 29

04 87 65 31 29

04 87 56 29 31

04 87 56 31 29

L'ordinateur (1)

Entoure sur l'écran les lettres identiques à la lettre bleue du clavier.

L'ordinateur (2)

Entoure sur l'écran les lettres identiques à la lettre bleue du clavier.

Les majuscules (1)

Sur chaque ligne, entoure les lettres identiques au modèle.

A	H	A	E	A	K
E	E	H	N	E	N
K	N	K	Z	K	E
F	F	E	F	E	L
T	L	T	T	F	L
H	H	H	A	E	T
L	H	F	L	F	L

Les majuscules (2)

Sur chaque ligne, entoure les lettres identiques au modèle.

G	O	Q	G	O	G
Q	D	Q	Q	D	G
M	M	H	M	N	Z
N	Z	N	N	M	H
R	N	R	B	R	B
D	B	D	G	D	O
B	B	E	D	E	B

Entre deux lignes (1)

Entoure sur chaque ligne les lettres identiques au modèle.

c	c	d	c	o	d	c	o	c	d
o	o	d	q	o	p	d	o	c	d
e	a	e	a	e	a	e	c	e	e
a	a	e	c	e	a	e	a	c	a
s	s	t	f	s	s	f	t	s	f
z	z	s	z	e	z	n	y	z	n
x	x	y	w	x	n	x	z	w	z

Entre deux lignes (2)

Entoure sur chaque ligne les lettres identiques au modèle.

i — l j i i j l j l i

r — n n u r u r n u n

m — m n m u m m r u m

n — n m u m n u m n u

u — u n m u u m n u u

v — w v m v w m v v w

w — w v w m v w v w v

Ça dépasse en haut

Entoure sur chaque ligne les lettres identiques au modèle.

h	h	l	n	m	h	k	h	k	l
k	k	h	k	x	h	k	h	l	k
l	l	h	i	l	h	i	h	l	k
t	t	f	t	f	t	t	f	f	t
f	f	t	f	t	f	f	t	t	f
d	d	b	d	d	b	b	d	d	d
b	b	b	d	b	d	b	d	b	d

Ça dépasse en bas

Entoure sur chaque ligne les lettres identiques au modèle.

j	j	g	i	g	j	j	g	i	j
g	g	q	d	g	g	q	p	g	q
q	q	p	d	g	g	p	q	d	g
p	q	p	p	q	p	q	g	d	p
y	x	y	z	y	z	y	z	x	y

Les couleurs (1)

Relie chaque lettre du mot à sa lettre correspondante dans la grille, comme dans l'exemple ci-contre.

exemple :

rouge

n	r	o	u	g	a	e

vert

w	v	a	e	r	n	t

marron

m	n	a	r	r	o	n

rose

n	r	o	z	s	e

noir

n	u	o	i	j	t	r

jaune

j	a	v	u	n	r	e

bleu

d	b	q	l	e	a	u

Les couleurs (2)

Relie chaque lettre du mot à sa lettre correspondante dans la grille, comme dans l'exemple ci-contre.

blanc

d	b	l	e	a	n	u	c

gris

g	q	r	n	i	s	z

orange

o	r	e	a	n	q	g	e

violet

f	w	v	j	i	o	l	e	a	t

Prénoms trop longs

Barre les lettres en trop à droite pour retrouver chaque prénom.

| L | E | A | → | L | E | N | A |

| L | O | U | I | S | → | L | O | U | I | S | E |

| L | A | U | R | E | → | L | A | U | R | E | N | C | E |

| P | A | U | L | → | P | A | U | L | I | N | E |

| L | I | N | E | → | A | L | I | N | E |

Prénoms trop courts

Écris les lettres oubliées à droite pour retrouver chaque prénom.

P	I	E	R	R	E	→	P	I	E	R			

P	A	T	R	I	C	K	→	P	A	T	R				

L	A	U	R	E	N	C	E	→	L	A	U	R	E			

P	I	E	R	R	I	C	K	→	P	I	E	R	R			

P	A	T	R	I	C	E	→	P	A	T				

Notes de musique

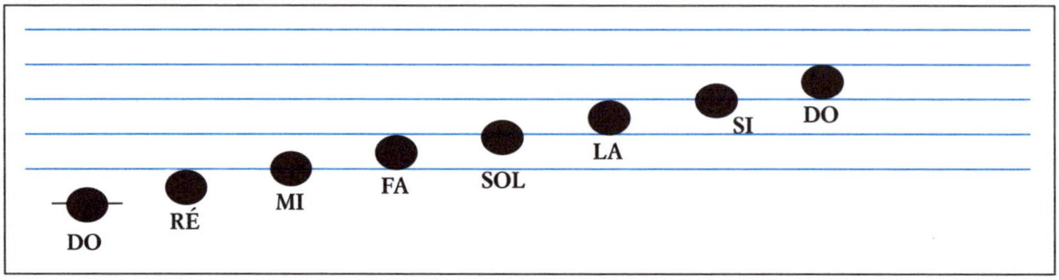

Entoure sur chaque ligne les notes identiques au modèle.

DO	BO	DO	PO	DO	OD
RÉ	BÉ	KÉ	RÉ	VÉ	RÉ
MI	IM	MI	NI	MI	MI
FA	PA	SA	FA	PA	AF
SOL	SOL	LOS	COL	SOL	FOL
LA	AL	LA	VA	FA	LA
SI	BI	FI	SI	SI	IS

Les vocalises

Dans chaque bulle, entoure les suites de lettres identiques au modèle.

CA — CA CE CA CE CE

BU — BE BE BU BA BU

FI — FU FI FO FU FI

GU — GU GE GU GA

JA — JA JE JO JI JA

NO — NO NU NO NI

VE — VA VU VE VO VE

Morceaux de mots (1)

Sur chaque ligne, entoure la suite de lettres identique au modèle dans les mots.

ca	cadeau	décalage	carotte
di	dimanche	endive	mardi
ma	démarrage	machine	lama
no	noël	note	anonyme
fu	fusil	parfumé	funambule
ba	baleine	cabane	babouin
ge	mage	genou	bagage

Morceaux de mots (2)

Sur chaque ligne, entoure la suite de lettres identique au modèle dans les mots.

mi	mimosa	ami	domino
ra	radis	ravin	betterave
pé	pétale	trompé	opération
lu	lunette	aluminium	lutin
so	sottise	insolent	soleil
na	nature	canapé	natation
ti	tilleul	matinée	tartine

Des mariages difficiles (1)

Sur chaque ligne, entoure la suite de lettres identique au modèle dans les mots.

pr	prune	propre	prince
br	brosse	arbre	timbre
fr	fraise	fromage	africain
gr	grenouille	tigre	griffe
bl	tableau	noble	blanche
pl	plume	parapluie	plage
gl	glouton	angle	églantier

Des mariages difficiles (2)

Sur chaque ligne, entoure la suite de lettres identique au modèle dans les mots.

cr	crabe	crevette	encre
vr	pauvre	vrille	livre
mm	femme	pomme	flamme
ss	tasse	caisse	poisson
ll	ballon	pelle	folle
tt	brouette	datte	marmotte
nn	tonneau	cannelle	bonnet

Des lettres qui vont bien ensemble

Sur chaque ligne, entoure la suite de lettres identique au modèle dans les mots.

oi	poisson	étoile	oiseau
ou	souris	hibou	moustache
ai	semaine	aile	balai
au	fauve	baume	automne
an	maman	fantôme	chanson
on	cochon	montre	caméléon
en	centime	menthe	encre

Des lettres qui vont souvent ensemble

Sur chaque ligne, entoure la suite de lettres identique au modèle dans les mots.

ch	vache	cheval	parchemin
in	singe	dindon	poussin
ion	champion	avion	camion
ien	magicien	martien	indien
eau	râteau	cerceau	manteau
ain	bain	ainsi	maintenant
oin	foin	poing	pointu

Longs morceaux de mots

Sur chaque ligne, entoure la suite de lettres identique au modèle dans les mots.

cha	chapeau	cachalot	pacha
bou	bouteille	tabouret	bouchon
cra	crapaud	macramé	cravate
man	mangue	amande	charmant
voi	voile	voiture	avoine
gon	dragon	gondole	wagon
tin	latin	tintamarre	patin

D'autres mariages amusants

Sur chaque ligne, entoure la suite de lettres identique au modèle dans les mots.

elle	poubelle	sauterelle	échelle
ette	chaussette	noisette	betterave
ail	rail	travail	bétail
eille	bouteille	abeille	corbeille
euil	chevreuil	écureuil	bouvreuil
aille	paille	maillet	bataille
euille	feuille	feuillage	portefeuille

Cris d'animaux (1)

Relie chaque animal à son cri.

HI HAN

COCORICO

COT COT CODET

COIN COIN

GLOU GLOU

BZZ BZZ

COT COT CODET

BZZ BZZ

COIN COIN

COCORICO

HI HAN

GLOU GLOU

Cris d'animaux (2)

Relie chaque animal à son cri.

MIAOU  SSS SSS

OUAF OUAF  CUI CUI

CUI CUI  COA COA

COA COA  MEUH MEUH

SSS SSS  MIAOU

MEUH MEUH  OUAF OUAF

Péle-mèle (1)

Entoure sur chaque ligne les mots identiques au modèle.

il | il lit il lit il il lit il il

le | le les la le le la les le la

la | la la le la le le la le le

un | une un un une une un une une

une | un une une un un une un une

et | et de et et de de et de et

je | je le le je le je je le je

Péle-mèle (2)

Entoure sur chaque ligne les mots identiques au modèle.

elle le elle le elle elle le le elle elle

les le les les le le les le le les

des des les des les les des des les des

par pas par par pas pas par pas pas

pour pour pont pour pont pont pour pont

dans dans dans donc dans donc dans donc

avec avec cave cave avec avec cave cave

Mots mêlés (1)

Entoure sur chaque ligne les mots identiques au modèle.

RAS	ARS	RAS	SAR	RAS
BOL	BOL	LOB	BOL	BLO
SAC	SAC	SAC	CAS	ACS
MUR	MUR	RUM	MRU	MUR
RUE	URE	ERU	RUE	RUE
NID	DIN	NID	NID	IND

Mots mêlés (12)

Entoure sur chaque ligne les mots identiques au modèle.

RIZ	ZRI	RIZ	ZIR	RIZ
RAT	TRA	TAR	RAT	RAT
BAS	BAS	BAS	SAB	ABS
COL	COL	LOC	COL	OCL
FIN	NIF	FIN	FIN	FNI
VOL	LOV	VOL	VLO	VOL

Mots cachés (1)

Entoure dans chaque suite de lettres les mots identiques au modèle.

TAS — C A T A S T R O P H E S A C T A S Z C A S T A S

VOL — R E V O L T E A B C V O L C A N D I M E V O L

SOL — P A R A S O L E T E S O L E I L P A S O L S T I C E

BAC — B A C H E L I E R C I E L T A B A C O B A C L E

FIN — F I N A L U M E R A F F I N E R F A I M F I N I R

NEZ — N E Z C A S E N E Z B E C H E N I A I S N E Z

Mots cachés (2)

Entoure dans chaque suite de lettres les mots identiques au modèle.

BOL — PARABOLEABOLERORAMBOLAGE

PAS — PASTEURSUREPASSERPASTEQUE

POUR — POURQUOITPOURSUITEPOURRIT

SAC — SACOCHEDOSACRIFICEMATENSAC

COL — ECOLEBABATCOLLETARDCOLIBRI

FEU — POUFEUBALAYERFEUFEUCHOCOL

La semaine

Relie chaque mot à son étiquette.

lundi •	• mardi
mardi •	• lundi
mercredi •	• jeudi
jeudi •	• vendredi
vendredi •	• dimanche
samedi •	• mercredi
dimanche •	• samedi

Les jours

Sur chaque ligne, barre l'intrus.

lundi	lundi	ıpunן	lundi	lundi
mardi	mardi	ıpɹɐɯ	mardi	mardi
mercredi	ıpǝɹɔɹǝɯ	mercredi	mercredi	mercredi
jeudi	jeudi	jeudi	jeudi	ıpnǝɾ
vendredi	vendredi	vendredi	ıpǝɹpuǝʌ	vendredi
samedi	samedi	ıpǝɯɐs	samedi	samedi
dimanche	dimanche	dimanche	dimanche	ǝɥɔuɐɯıp

Portraits de famille

Entoure sur chaque ligne le mot identique au modèle.

 papa	paap	appa	papa
 maman	maman	mamna	namam
 bébé	ébbé	bééb	bébé
 papi	pipa	papi	paip
 mamie	maime	mamie	miema

Le ciel

Barre le mot qui n'est pas identique au modèle.

soleil

nuage

étoile

lune

Les animaux (1)

Sur chaque ligne, barre les mots qui ne sont pas identiques au modèle.

 chat	chien chat chat chien chat chien chat
 chien	chien chat chien chat chien chat chien
 vache	cheval vache vache cheval cheval vache
 cheval	cheval cheval vache vache vache cheval
 cochon	canard cochon canard cochon canard
 canard	canard canard cochon canard cochon
 poule	loup poule poule loup poule loup poule
 loup	loup loup poule loup poule loup loup

Les animaux (2)

Sur chaque ligne, barre les mots qui ne sont pas identiques au modèle.

 souris	serpent	souris	serpent	souris	souris
 serpent	souris	souris	serpent	serpent	souris
 tortue	tortue	tortue	taureau	tortue	taureau
 taureau	tortue	taureau	tortue	taureau	
 chenille	chenille	cheville	cheville	chenille	
 grenouille	gargouille	grenouille	grenouille		
 araignée	arranger	araignée	arranger	araignée	
 escargot	escalier	escargot	escargot	escalier	

En

Observe les mots de la ville.
Dans chaque rond vide de l'image, reproduis le bon dessin.

…ille

TRAVAUX

PARKING

PHARMACIE

BOULANGERIE

POSTE

WC

MAIRIE

COIFFEUR

LIBRAIRIE

ÉCOLE

Des jeux visuels pour se préparer à lire (4-5 ans)

Présentation

L'entrée dans la lecture nécessite des compétences indispensables telles que : l'attention, la mémorisation, la capacité à observer, analyser, identifier, percevoir des différences ou des similitudes entre des dessins, des formes, des signes puis des lettres et des mots.

Cet ouvrage a pour objectif de permettre au jeune enfant d'exercer et de développer ces compétences dans un contexte ludique grâce à des jeux d'attention et de discrimination visuelles où il va devoir :

- compléter des dessins ou des formes pour les rendre identiques à un modèle ;
- différencier ou associer des formes et des signes graphiques divers ;
- repérer les positions de différents éléments dans un espace donné ;
- discerner un ordre dans une combinaison de signes ou de lettres ;
- reconnaître des lettres, des groupes de lettres, des syllabes et des mots.

Au fur et à mesure de sa progression dans l'ouvrage, l'enfant va exercer sa perception sur des représentations :

- figuratives : images, dessins ;
- plus abstraites : figures géométriques, formes, motifs, signes ;
- et enfin symboliques : chiffres, nombres, lettres, syllabes, mots.

Conseils d'utilisation

Les jeux proposés sont de difficultés progressives, il est donc préférable de les effectuer dans l'ordre proposé. Il est aussi souhaitable que l'enfant s'entraîne peu de temps (une page, voire deux maximum) à chaque séance, mais de façon régulière. Assurez-vous de la bonne compréhension des consignes et, en cas de besoin, montrez ce qui est attendu par un exemple. En cas de réelle difficulté, laissez momentanément le cahier de côté et proposez d'autres types de jeux de perception visuelle (puzzles, encastrements, Memory, par exemple).

Les compétences abordées dans cet ouvrage sont indispensables pour entrer dans la langue écrite. Mais bien entendu, il peut être utile de compléter cet entraînement en travaillant la discrimination auditive (perception des sons à l'aide de comptines, par exemple) ou la compréhension (histoires racontées ou lues à l'enfant, fréquentation du texte et de l'image à travers les albums).

Il est important qu'elles soient considérées comme un jeu à réaliser avec l'adulte accompagnateur et non comme un exercice obligatoire.

Direction éditoriale : Sylvie Cuchin
Édition : Charlotte Aussedat
Corrections : Bérengère Allaire
Création de maquette : Sarbacane
Mise en page : Domino
N° de projet : 10142490 - Dépôt légal : Mai 2007
Achevé d'imprimer en France sur les presses de la Nouvelle Imprimerie Laballery, 58500 Clamecy
N° d'impression : 703236